Vampeerz, My Peer Vampires.

VON AKILI

Vol. 4

INHALT

15. Checkup	003
16. Arthur	035
17. Ghika	067
18. Interlude 1	099
19. 49 Days	127

Ah! ♥

...
BIBBER
ZUCK
ZUCK

Hah!
Ah!

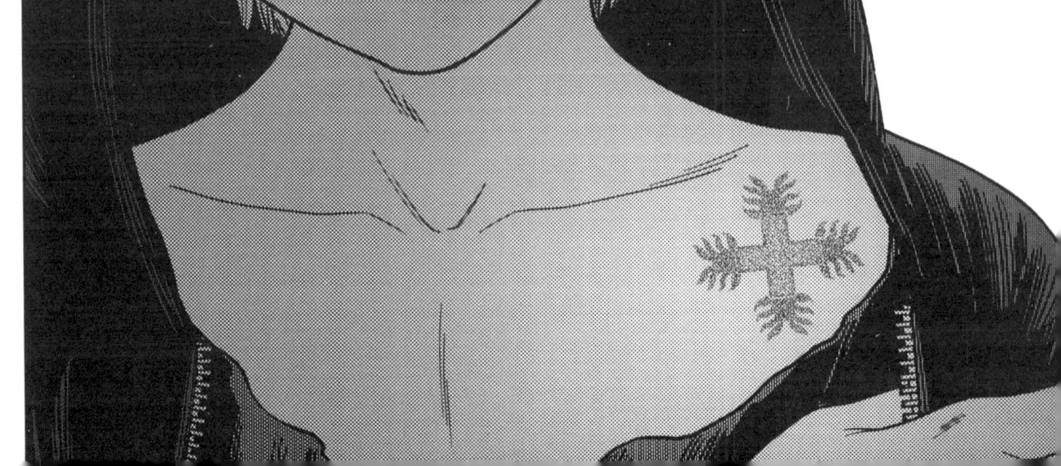

#15 Checkup

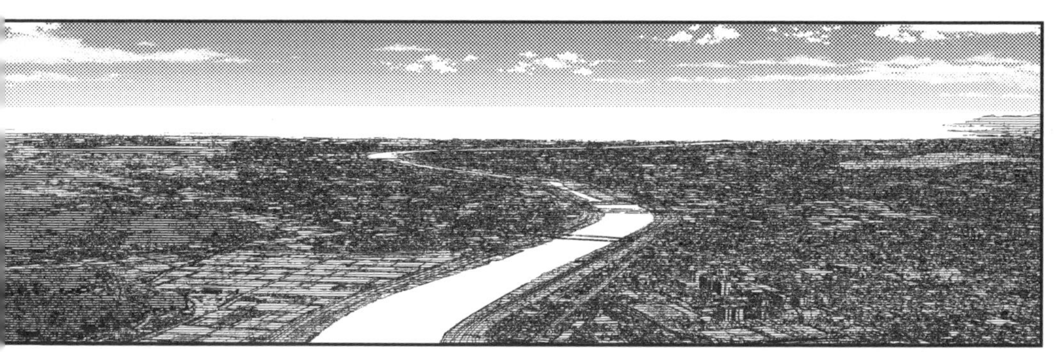

BLINZEL

Also irgendwie ist Aria heute...

... extra sexy!
GLOOOTZ

SMILE

Hehe!

Was ist?
Hm?
TATSCH
TATSCH
Heute steht ein Gesund-heitscheck in der Schule an.
Wie süß du heute wieder bist!
Tehe! ♡
Zuhö-ren!

Die benutzen heute das Krankenzimmer, also bleib ich zu Hause.
Okay. Und weiter?
Wir brauchen deine Hilfe, Ichika.

Du musst uns helfen, Aria zu decken.

Bringt eure Zettel und einen Stift mit und stellt euch draußen im Gang auf!

Danke schon mal.

Verlass dich auf mich!

Für Aria würde ich einfach alles tun!

115.

Hah!

たっ TAPP

Hah!

たっ TAPP

Hah!

たっ TAPP

116.

Geht irgendwohin, wo euch niemand sieht.

Und dann soll sie zwei Minuten lang Kniehebelauf machen!

Unser Puls ist nämlich viel langsamer als eurer.

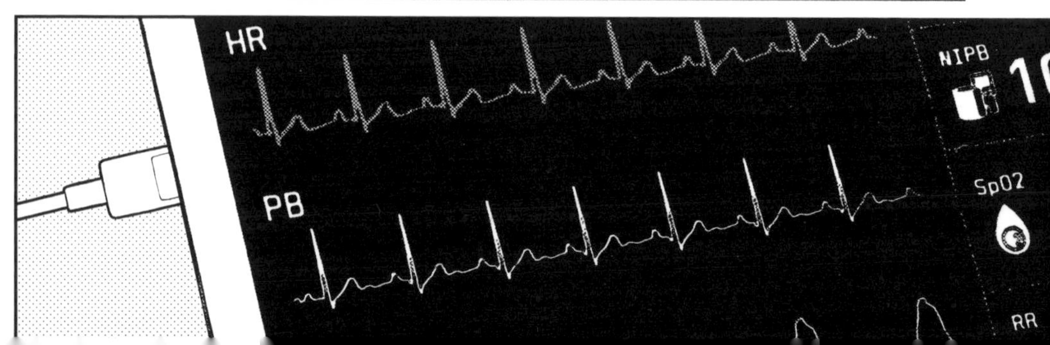

Gut, ihr könnt wieder aufstehen.
Die Nächsten!
GRINS
FEIX
So ruhig ist dein Puls.
Ja.
Die ersten 5 sind gut.
6 und 7 haben eine Füllung.
Mund auf, bitte.
Jupp!

Hm?

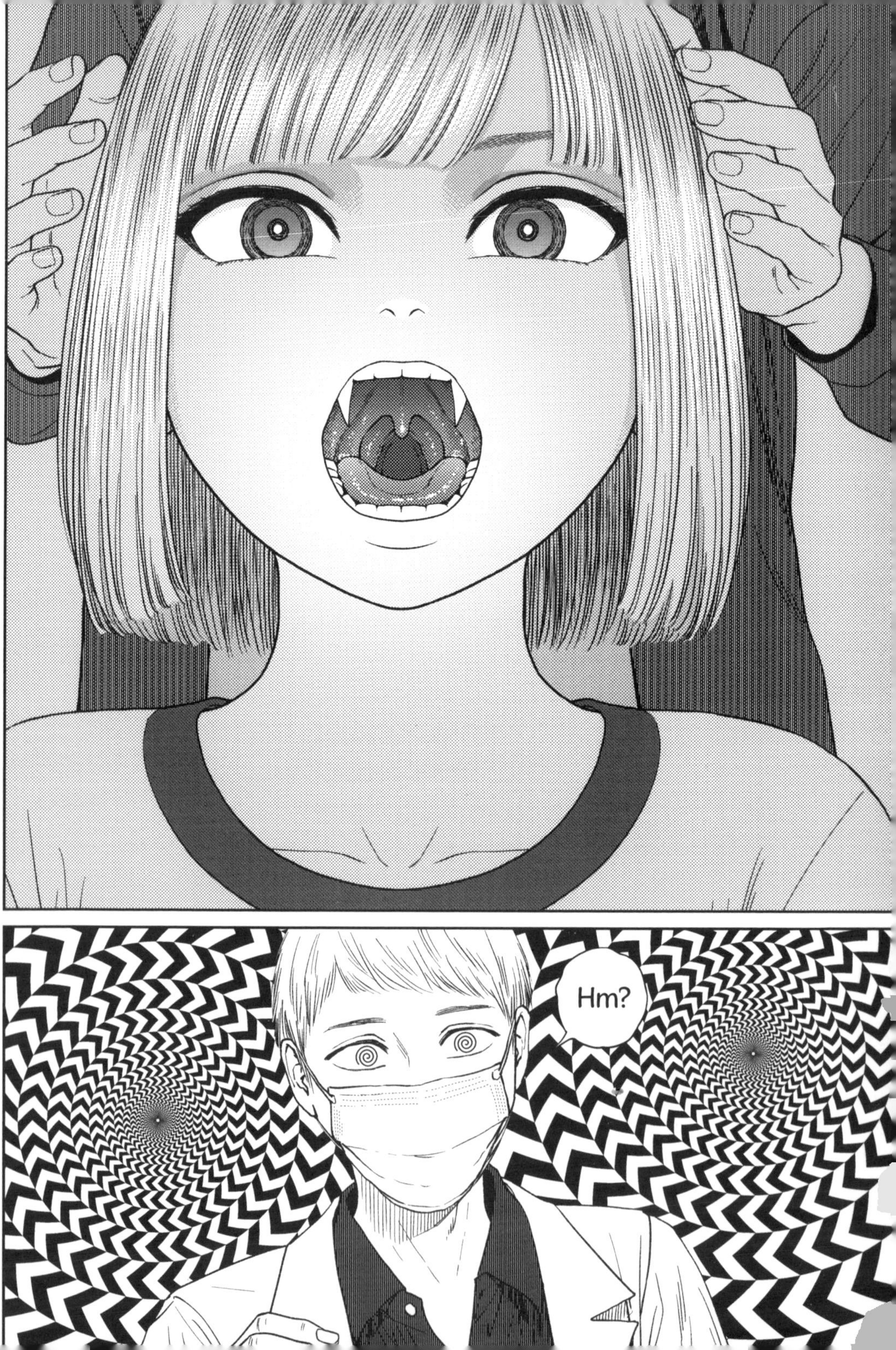

Alle in Ordnung.

Was?

Kernge-
sunde
Zähne.

Auch
den
BH?

Ja.

Ach
so...

?

…
…

Ah.
Nicht hingucken, bitte.

Ich hab dich so lieb!
Du bist dran!
Hehe...
Die macht mir Angst...

Na dann…

Bluttest
Am gefährlichsten ist der Bluttest.
Wenn sie Arias Blut checken, könnte sie im schlimmsten Fall nicht mehr hierbleiben.

Ich werde langsam nervös.
Die Nächste!
2-4
NISHIDA
GRRRMBL
…
Wir sind gleich fertig.

Bitte fünf Minuten fest drauf-drücken.
Ich wäre so weit.

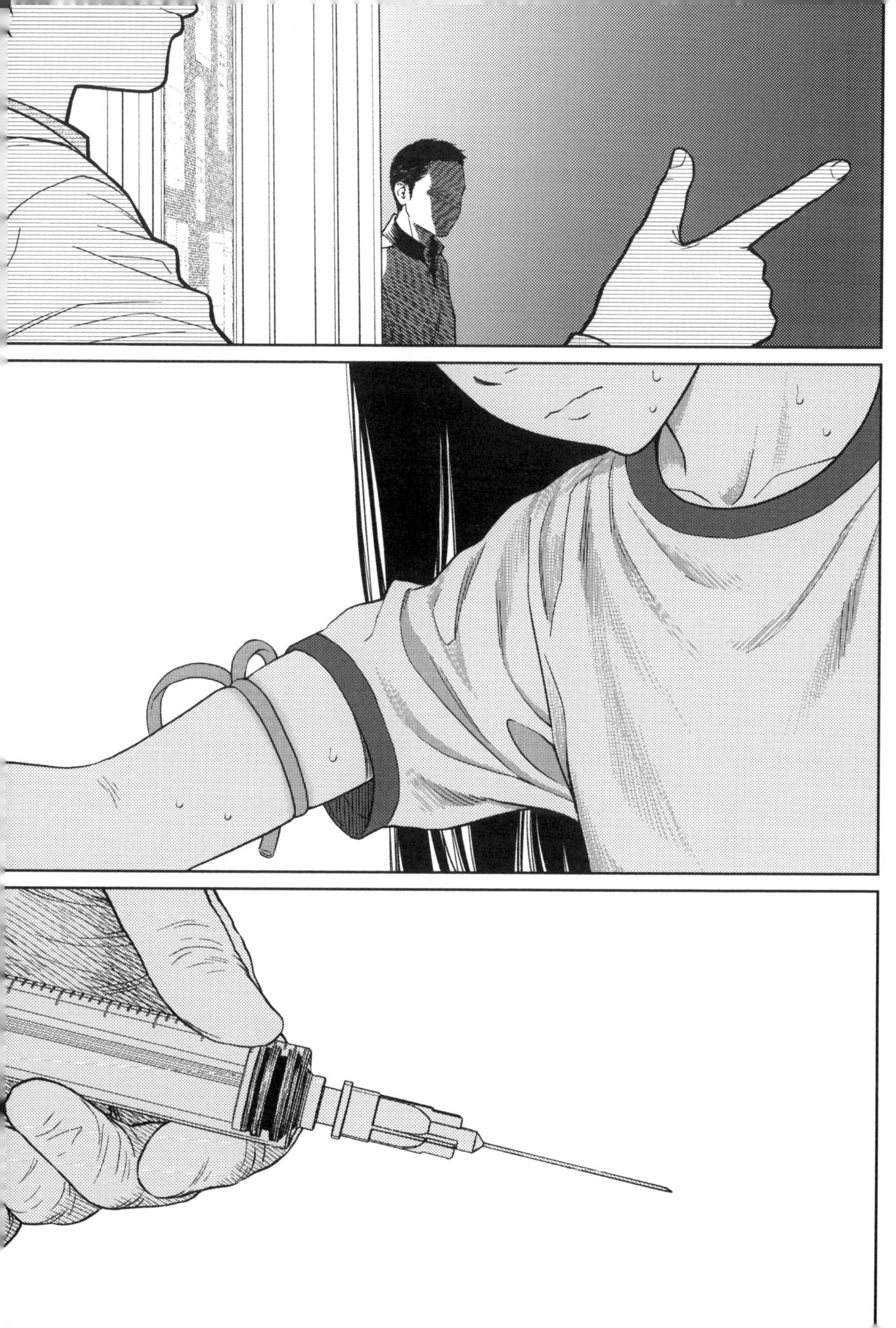

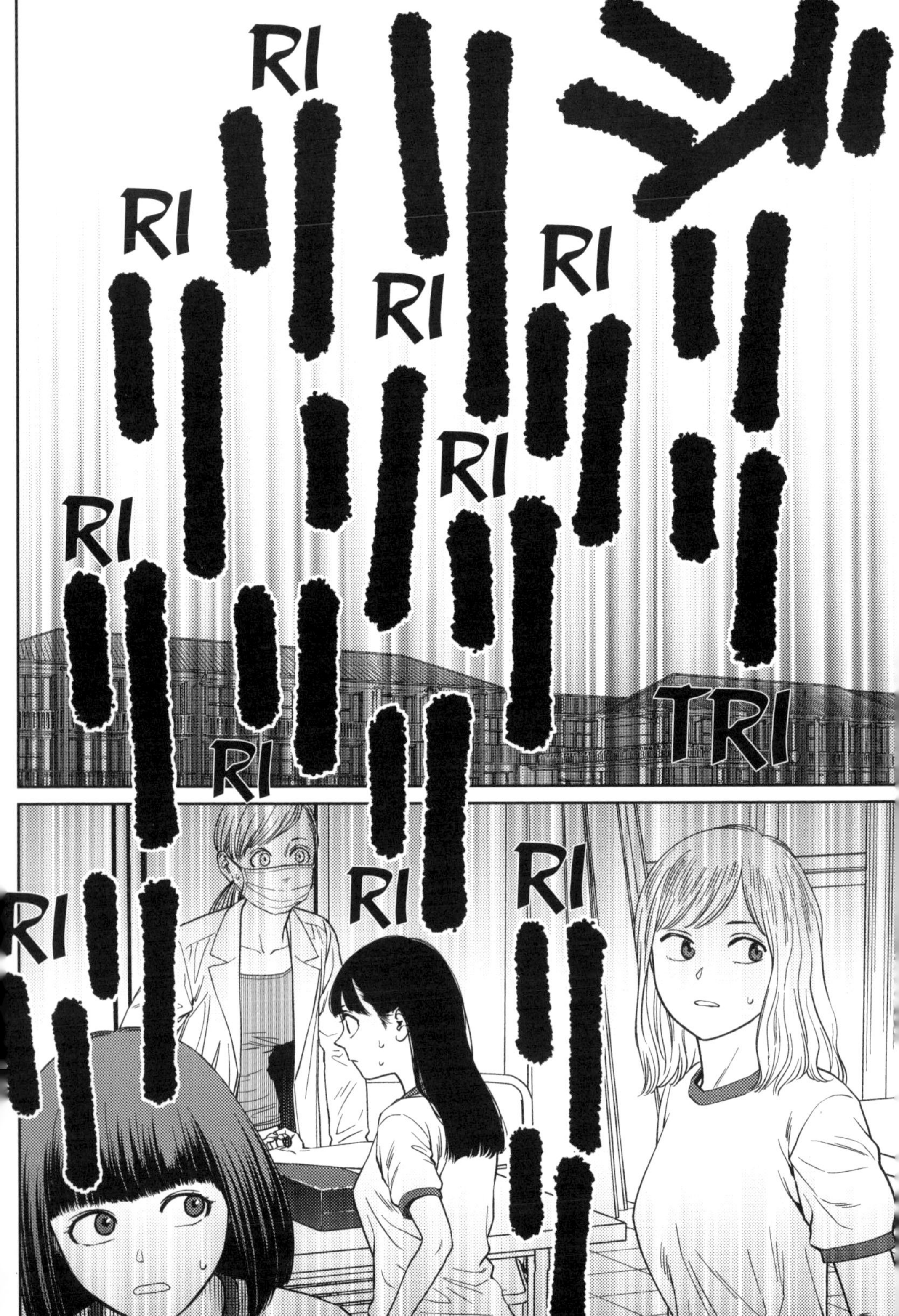

TRI
RI
RI
RI
RI
RI
RI
RI
RI
RI
RI

Alle nach draußen, sofort!
Bitte auch die Lehr-kräfte!
-1
ARIA
Hm?

Yabe meinte, er hätte ohne nachzudenken den Alarm ausgelöst.
Aus dem soll einer schlau werden.
Hat auch immer voll den ekligen Blick drauf.
Haha, da ist was dran!

Hah!

Hah!
Ah!
Hah!
Hn!
Mh!
ZITTER
Lecker.
Hah... ♡

Mh!

Kiss

Gehen wir.

Ja.

Heute geht's wieder.

Warum hat sie gestern geweint?

Hat mich echt Mühe gekostet...

... nicht all die Blutproben zu trinken!

Haha.

Stimmt, das Blut.

FWPP

くらっ

TAUMEL

Oh!

KLIRR

Alles okay?
Ja! Mir ist nur schwindlig vom vielen...
... Abnehmen und Saugen...
Blutabnehmen
Blutsaugen
Geht's echt?

Räumen wir das weg.
Nicht! Ich mach das!
Gh!
Oh je.
Sei vor-sichtig.

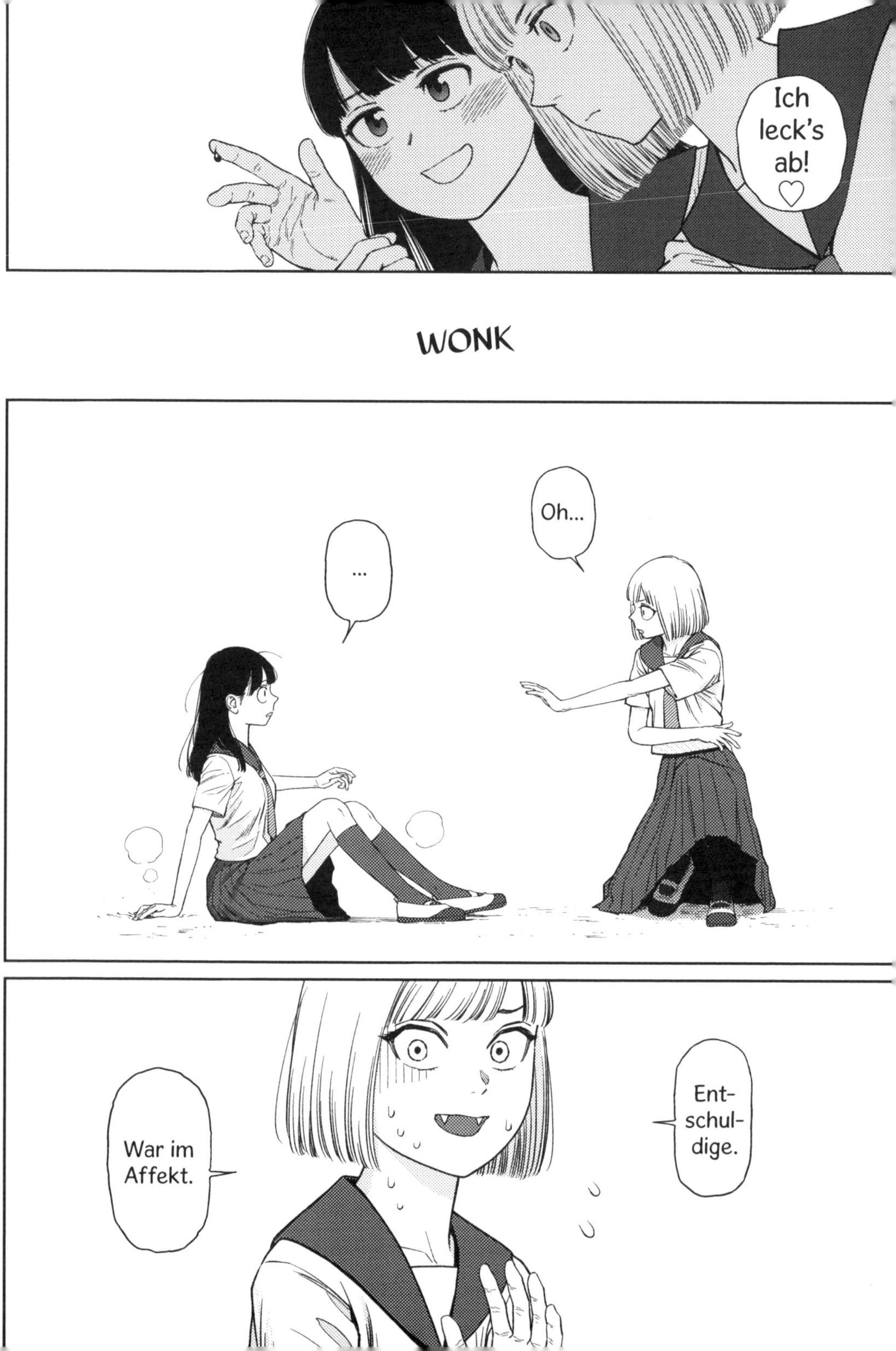

WONK

Oh...

...

ぽろっ
TRIEF
Gh...

Jetzt wein doch nicht!
Ich wollte das nicht!

Ugh, bin auf ’ne Ameisen-straße getreten!
Igitt!
ZUCK

Mh.
FWISCH
Dieses Teufelszeug ist so unglaublich lecker! ♡
Davon wirst du nur fett!
...
MPF
MPF
So fried-lich...

BB
BURGER

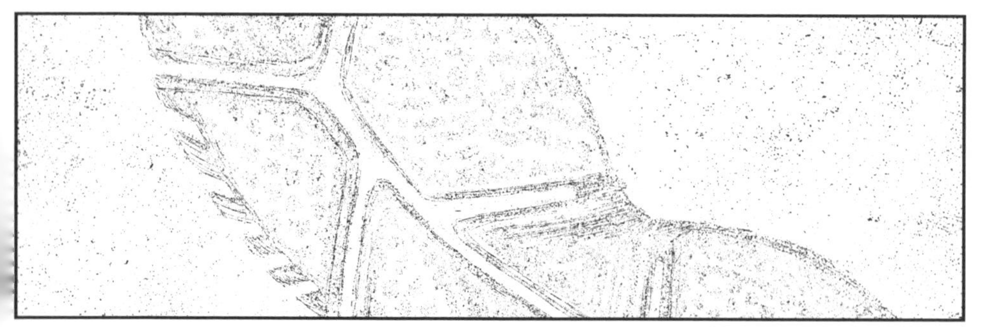

VAMPEERZ

#16 Arthur

Hä?

Wo ist Kara?
Äh, nicht hier, oder?
Ach so, Sakuya, ich hab nachgedacht...
Ja?
Wäre es nicht einfacher gewesen, eure Kreiselaugen einzusetzen, um das Blut auszutauschen?
...

Ja, aber wo wäre denn dann der Nervenkitzel geblieben!

Hä?

...

Die haben mich nur benutzt, weil ihnen langweilig war...

Und wessen Blut war das?

Von irgendeiner Schülerin.

#16 Arthur

Hn...

Mh!
Mhh!
Mhhh!
KRCK
BAMM
!!

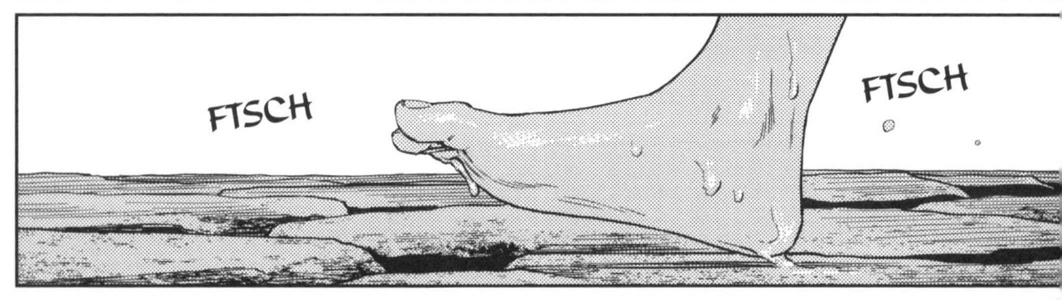
FTSCH
FTSCH

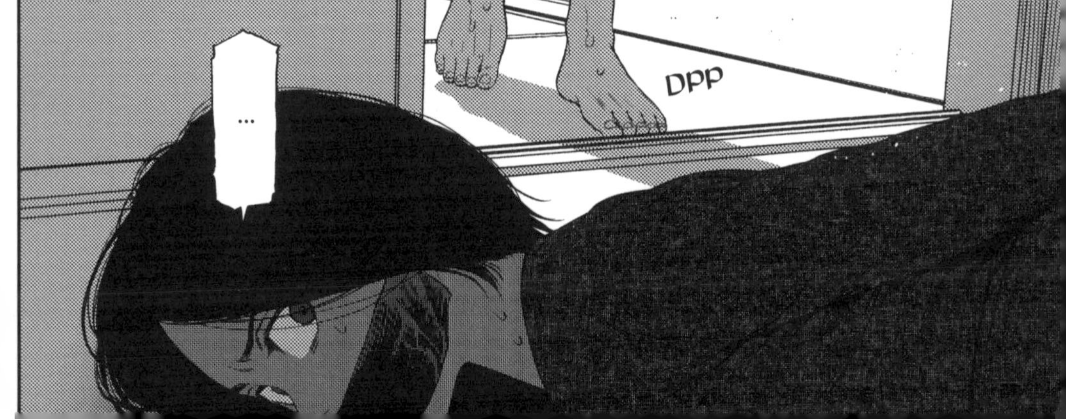
DPP
...

Ph!
RTSCH
Äh...
Also...
Kara, das Thuggee-Mädchen.
Hab ich recht?

...

GLPP

One cannot think well...

... love well...
... sleep well, if one has not dined well.
Virginia Wolf.
?
Lass dir so viel von dem Essen schmecken, wie du möchtest.
Solange du noch kannst.

!

ぞくっ

HASP

...

Für eine gewisse Aria.
Danke fürs Zustellen.
Bitte hier unterschreiben.
?
Grüne Nelken.
Von wem sind die?

ARIA
Lord Iris
Lord Iris?
Wer zur Hölle?
Das muss ein Fan von dir sein, Aria.
Hm.
Ja, gut mög-lich.
...
Die gefallen mir.
Wo stell ich sie hin?

Hmpf!

Hm?

Wer auch immer dachte, es wäre toll, nur grüne zu nehmen, hat keinen Sinn für Ästhetik!

Gra ah!

Warum so mies gelaunt heute?
Weiß ich doch nicht!
Uh!
Uh!
Ugh!
Hn!

Arthur.

Wir sollten uns lieber beeilen ...

Haben wir Wein da?

Oh? Du gibst mir Anweisungen?

Ghika verlangt es so.

Hmf.

Was für ein gut erzogener Hund du doch bist.

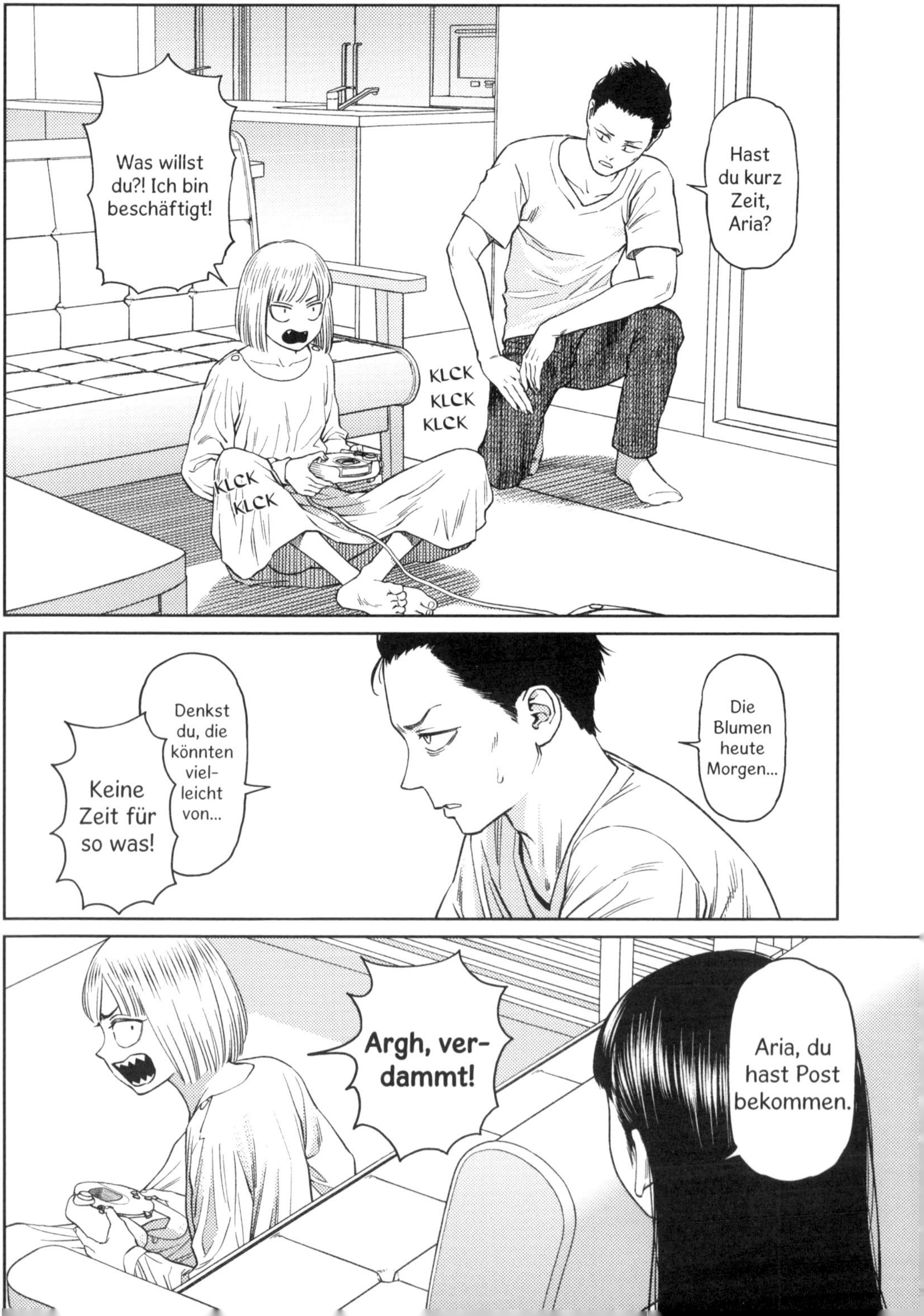

Hast du kurz Zeit, Aria?
Was willst du?! Ich bin beschäftigt!
KLCK KLCK KLCK
KLCK KLCK

!
Hä?

Wusstet ihr davon?
Dass Ghika sich in Bewegung gesetzt hat?
W... Wie unerwartet! Wer... hätte das gedacht...
Sich blöd zu stellen, bringt jetzt auch nichts mehr!
Kara...

Jetzt muss sich sogar Aria damit abgeben.
Tut mir leid.
Spart euch die Entschul-digung.
Wir gehen sie retten.
Macht euch bereit.

Oh, nein! Du bleibst schön zu Hause!
Aber...
Ich will dich nicht in Gefahr bringen!
Weißt du was?
Auf dem Brief war gar keine Briefmarke.
Hier ist es auch nicht sicher!
Wenn's schon gefährlich wird, wäre ich lieber bei dir!
...
Aus-ziehen!
Hm?

Ah!
♡
Da kann ich ja schlecht nein sagen...
GLP
GLP
Hah!
♡

Pwah!

Warte!

Hm?

Dafür fehlt uns die Zeit.

Wir machen weiter, wenn wir zurück sind.

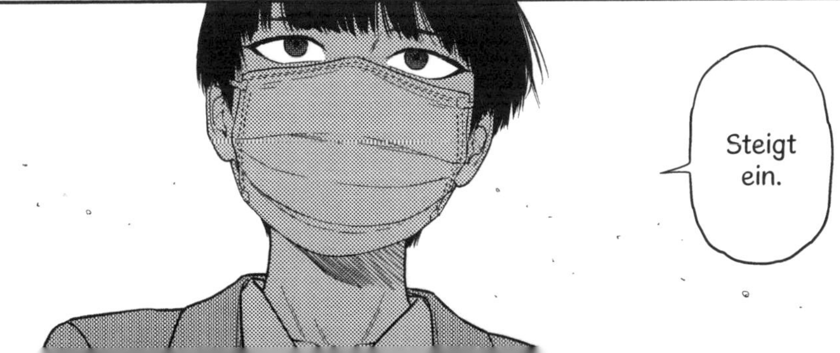

Hier lang.
FWPP

En vert, invert.
Unnatural sin, the Uranian love.
Haben dir die Nelken gefallen?

WOMPP
Ah!

!
Das kitzelt!
Gh!

Aufhören!!
びくっ
ZUCK
200ml

Warum müsst ihr auch alle solche Hitzköpfe sein.
Hmf!
Kara! Geht's dir gut?!
? ? ?
Ihr Po ist Zucker!
W... Was ist hier los, Jiro?
Äh...
Er ist nicht unser Feind, Aria!
!
Der Brief war zum Scherz.
Arthur, du elender...
ZING

Hoppla.

Ugh!

ガクッ

KRACK

Ist lange her, Jiro.

Ihr kennt euch?

Ah...

...

ZUCK ZUCK

ZUCK

So quick bright things come to confusion.

Uh!

Gh!

ZITTER

ZITTER

Ein Sommernachtstraum.

Unseresgleichen bleibt der Untergang verwehrt.

Dass meine ewige Geliebte sich einmal gegen mich, ihren Herrn, stellen würde...

Du redest ja düster daher.

Lass mich los!

Ach je.

Your Majesty, the Queen.
Kiss!
Du hast sie wohl nicht mehr alle!! Ich bring
Nicht so wild, Ichika!
Darf ich gehen?

VAMPEERZ

#17 Ghika

Hast dich kein Stück verändert, Jiro.

Wundert dich das?
Weißt du noch damals in Hana-zono?
Alle anderen sind schon tot.

Endlich sehen wir uns wieder.
Komm, lass uns den Groll von damals begraben.

Huah!

WO

CK

#17 Ghika

Man is least himself when he talks in his own person.
Give him a mask, and he will tell you the truth.
Oscar Wilde.
Laber, Rhabarber ...
Sei still und setz dich, Arthur!
lit einer Maske onntest vielleicht uch mehr du selbst sein, Jiro.
Hin-setzen!
...
GRM
GRM
GRM
GRM
Kein Grund zur Hektik!

HFFFFFT
ぞーっ
…
?
…
…
Los jetzt!
びくっ
ZUCK
WOPP
Urkh!
…

Blödes Weibsstück!

Oh, Arias Schlag hat wohl gesessen?

Als ob. Nicht mehr als ein Mückenstich.

Wie lahm.

…

Schluss jetzt mit dem Zirkus!

Erklär uns lieber, was hier los ist!

Der Typ ist blöd. Ich schau lieber Aria an.

Es war vor drei Wochen.
Ich war gerade in London, als ich vom Auftauchen des heiligen Schwertes und von Ghika hörte.
Das muss gewesen sein, kurz nachdem Ichika das Schwert aus der Barriere rausgeholt hat.
Ghikas Leute haben sofort mitbekommen, dass Kara gescheitert war.
Die Person, die mir den Deal vorgeschlagen hatte, trug ebenfalls ein Ghika-Wappen.
Viele von denen sind zu Hunden gewordene Menschen, die von dem Hochgefühl des Blutsaugens angelockt werden. Wie die schlafende Frau dort drüben.
Das brachte mich auf den Gedanken, dass Ghika sich schon seit geraumer Zeit in diesem Land aufhalten muss.
Ich war unaufmerksam ...
Aber sag mal...
Bei so vielen Leuten kann man nicht jeden einzeln untersuchen.
Warum bist du ausgerechnet zu uns gekommen?
Da musste ich nicht lange überlegen.

Schließlich ist Jiro dein Diener.
...
Ihr wart mal ein Paar?
...
Früher.
The course of true love never did run smooth.
Echt jetzt?
So schön, dich zu sehen! ♡
Scheint, als würde er auf Männer stehen.
Dann wird er mir Aria schon nicht wegschnappen.
Hmf!
...

Ach ja!
Sakuya.
Wenn wir denen das Schwert geben, kann Aria nicht mehr sterben, oder?
Sie möchte, dass du das Schwert besorgst und mich dann tötest, richtig?
Ja.

Lach-haft.
Sie ist die einzige, durch deren Hand ich nicht sterben möchte.
Aria...
Im 18. Jahrhundert lebte ich in Sofia.

Schon damals wusste ich allzu gut...

... was geschehen würde, wenn Al-Kamil Ghika erneut in den Besitz des Schwertes gelangen würde.

Mit deinem Tod allein wäre es dann nicht getan.
...
SPP
Ja, sieht so aus.
Noch einmal, bitte lass mich dir dienen!
Auch für den Mann, den ich liebe!
Also ich traue dem überhaupt nicht!
Gut so!
Auf ihn ist kein Verlass!
Das wird mir oft nachgesagt...
FWPP
Aber ich leiste auch den offiziellen Schwur...

Halt, stopp!
Nicht an diesem Ort!
Fürs Erste kannst du einfach unser Verbündeter sein.
Was?!
Warte mal, Aria!
Der ist total sprunghaft und unzuverlässig!
Der Schwur kann warten.
Jetzt ist Ichika bei mir.

Keine Sorge, Leute. Ich werde euch alle beschützen.
...

Unter einer Bedingung.
Was immer du willst!
Gut, dann sag ich's geraderaus ...

Ich will, dass wir alle das Kaiseki-Menü dieses Hotels probieren, und du wirst bezahlen!
Im Fernsehen haben sie gesagt...
... wie lecker das schmecken soll!
Fischeintopf

Ja, wir sind alle hier.

Sag das doch früher! Jetzt hab ich Abendessen für alle gekocht!

Aber wir sind so plötzlich losgegangen!

Gib mal her.
Äh.
Hallo! Mutter? Hier ist Sakuya.
Genau. Ein alter Freund hat uns besucht.
Ja, tut mir leid, dass das so plötzlich kam.
Aber er wollte einfach nicht auf uns hören.
Keine Sorge, ich werde gut auf Ichika aufpassen.
Ja, das sage ich ihr. Danke schön!
Na bitte.
Sie sagt, du sollst dich fürs Essen bedanken.
Äh, okay.
PZCK
Was hältst du von ihm?

Ich fand's blöd, als er ihre Hand geküsst hat, aber er steht auf Typen, von daher...
... bin ich erleichtert.
...

So wie wir alle zwei Augen und zwei Ohren haben, hat auch jeder eine gespaltene Zunge.
Hffft!
Mir ist er suspekt.
Wir sollten wachsam bleiben.
...

Gut.

Ich dachte, ich berühr sie einfach mal, und dann war ich einen halben Tag lang gelähmt.
Wie dumm muss man sein.
Total.
Also wirklich, Aria!
Was denn? Ist doch nur ein Glas!

Ja, aber doch kein Bier!!!
Und warum nicht?!

Aria ist gefühlt tausendmal volljährig.
Aber sie sieht nicht so aus!
Was sollen die Leute denn denken!
Früher haben auch Kinder Bier getrunken!

Bier ist die Gabe der Göttin Ninkasi!
Trink du auch was!
Aber ur einen chluck...
Lass dich nicht so leicht überreden!

Ihr Essen ist zubereitet.
Oh, da kommt es!

D...

Der war echt flach...

GLPP GLPP

FSCHHH

Ist sie schon betrunken?

Selbst wenn...

Hey, Ichika.
Hm?
Wenn wir heim-kommen, machen wir weiter!
Ja?
Khehe! ♡
...
NICK
NICK
カァ～ッ
SCHÄÄÄM
Danke, Alkohol! ♡
POCH
POCH
POCH
Du bist krebsrot! ♡
Ach! ♡
„In vino veritas". Im Wein liegt die Wahrheit.
Dann will ich auch mal ehrlich sein.
Ihr trinkt aber Bier.
Jiro ...
Wehe!
Lass es mich sagen!

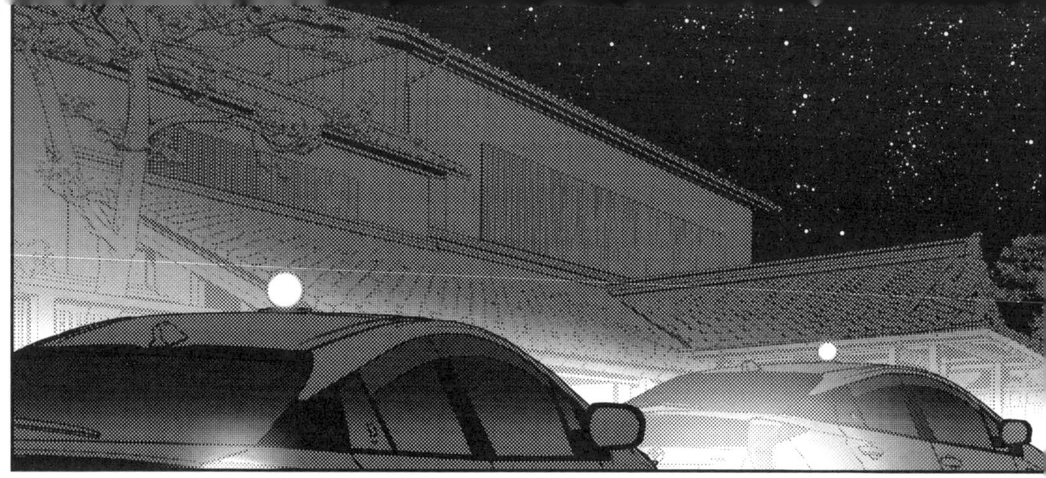

Fwuuui! ♡

He, reiß dich zusammen!

So unbeschwert kann Aria also lachen.
Ja, ist mir auch erst in letzter Zeit aufgefallen.

Kara, fährst du bei uns mit?
Lieber nicht! Ist kaum Platz im Auto.

Du miese kleine…
Haha!
Das mit dem Schwert eilt.
Sagst du es ihr, sobald sie nüchtern ist?

Mache ich.

Aber nur damit du's weißt, ich traue dir noch immer nicht.

Ich bin so was von satt.
Hm...

Hm?
ホザフ
SWO
SCH
Uff!
Hey!

Hn!
Mhh ...
KNARZ
Hm!
SLPP
SLPP
KFF
Hn!
Fmmmh!
Hn!
Hah!
Hah!
BEB
Ah! ♡
Hah! ♡

…

Ah!

Du über-
raschst
mich.

Und du
hast 'ne
Fahne.

…

Ich hab's
nicht so
gemeint,
du stinkst
nicht!

HEUL

HEUL

Wäh?!

*Wird sie
traurig,
wenn sie
trinkt?*

Was?

Hätte ich
doch nie
rausge-
funden…

... wie schön ...

... Küsse sind.

Aria!

Uoh!

KRTT

Hehehe! ♡

He...

Komm her! ♡

Hm! ♡

RÜLPS

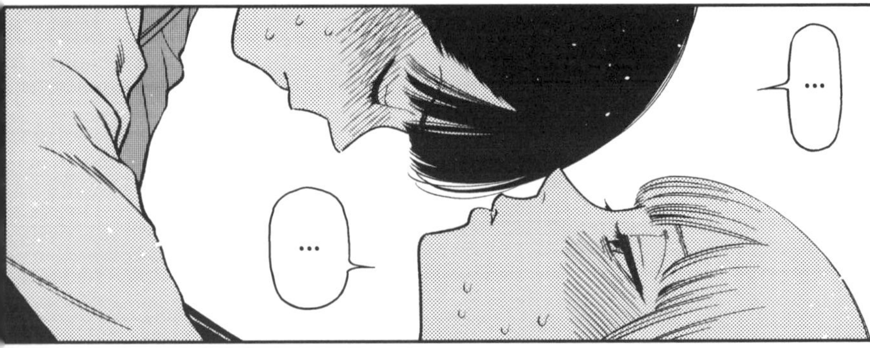

VAMPEERZ

#18 Interlude 1
SCHWIMMSCHULE
GRILLSTAND
YAMATORI

Gut, ich frag sie.

Bis nachher!

?!

Was hast du denn?!

Nichts.

Alles okay?

Irgendwas hat sie!

FWPP

Die Sache mit dieser Ghika?

...

Was willst du?

Oh, Maho hat gerade angerufen.

Tausend Dank, Leute!
Wir brauchen jedes helfende Paar Hände!
Bestellt, was ihr wollt!
Maki hat mir Geld fürs Essen mitgegeben.
Ach, wir haben eh Zeit.
Ich nehme Doria.
Menu
…
MENU
…
…
…

Ein Eier-sandwich.

Geht's dir nicht gut?

Sonst frisst du wie ein Scheunen-drescher!

…

Gut gemacht!

Danke!

*Schießbude

Gute Arbeit allerseits!
Wakaba.
Was macht ihr denn hier?!
Aus-helfen.
Aha. Wollt ihr ’nen Hähnchenspieß?
POOL-FESTIVAL
...
Bis zur 5. Klasse bin ich auch hierhergekommen.
Ach so?
!
Oh mein Gott, Yellow Man!
Den muss ich haben!
Du hast drei Schuss frei!

Hä!
DZNG

Noch mal!
...
パスッ
DZNG
Ah!
パスッ
DZNG
Jetzt aber!
Argh!
Bist du schlecht.
Noch eine Runde!
Dann krieg ich ihn bestimmt!
Ich krieg immer, was ich will!
Khehe!
Was hättest du gern?
!

Soll ich dir was schießen?

Du süßes kleines Küken.

パス
DZNG
パス
DZNG
パス
DZNG
DZNG

…
…
…
Jiro.
Einmal kostet 100 Yen.
パスッ
DZNG

Hier, für dich! ♡

Wie schön... ♡
Was?!
Das war die Schwester aus dem Kranken-zimmer!
Sie ist megacool!
A... Ach so?
Äh...
Nicht eher mega-uncool?
Die verknallt sich echt ruckzuck.
Ja...
...

Oh, Ichika! Danke fürs Aushelfen!
Ich kann jetzt übernehmen.
Frau Maki!
Lange nicht mehr gesehen.
Dir scheint's gutzugehen?
Und wer ist das? Die ist ja zuckersüß.
Ja, oder?
...
Wo ihr schon mal hier seid, warum leiht ihr nicht einen Badeanzug aus und schwimmt 'ne Runde?
Ohne mich.

Äh...
Aber geh du ruhig!
Könnte es sein, dass du nicht schwimmen kannst, Aria?
Hm?

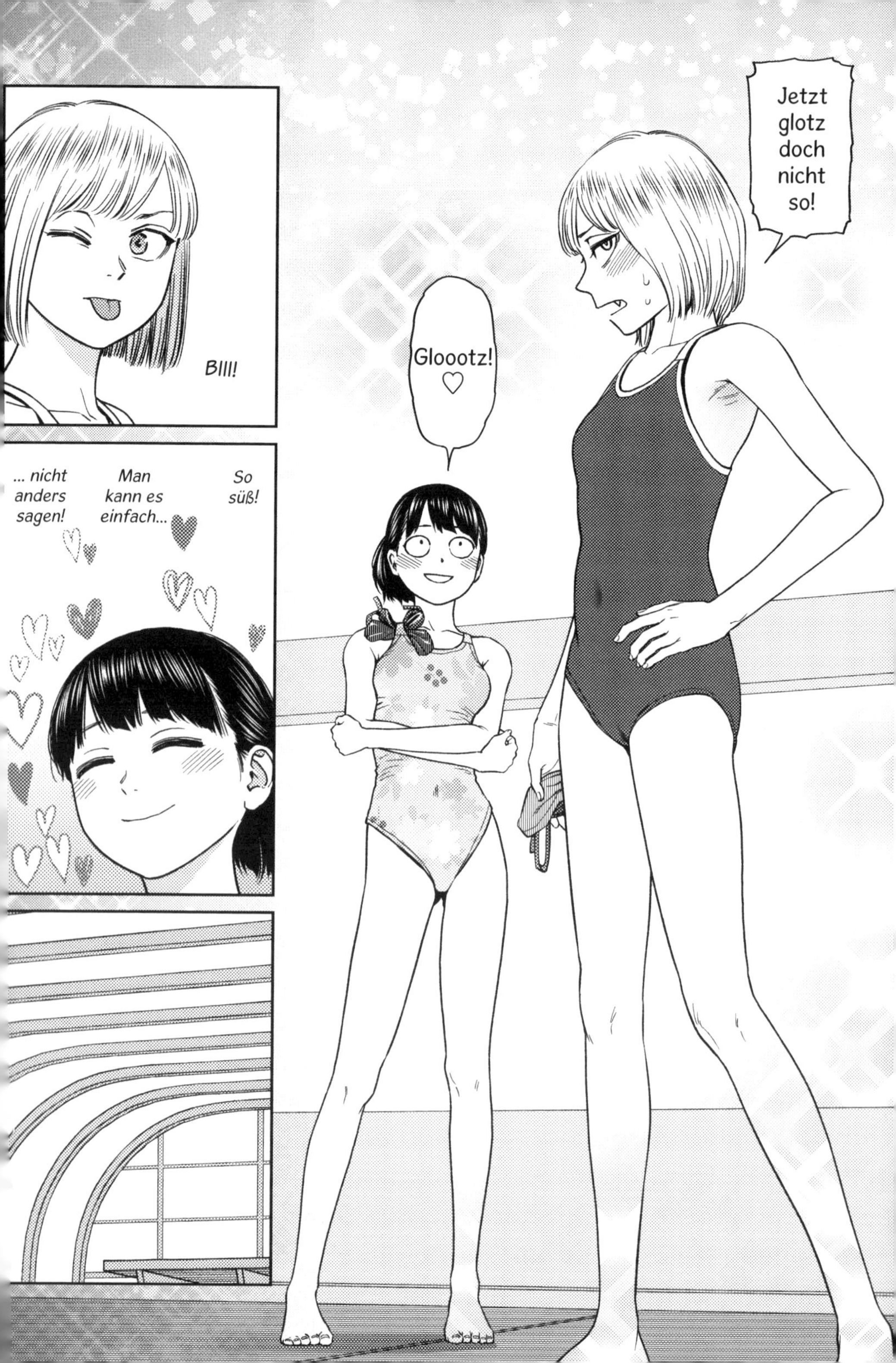
Jetzt glotz doch nicht so!
Gloootz! ♡
BIII!
So süß!
Man kann es einfach...
... nicht anders sagen!

ごぼ
BLPP

Ichika...
Ja?
FSCHHHHH
Hilfst...
... du mir kurz?
Was ist denn?
Ugh.

Mein Bauch...
Ist dir übel?
Du bist ganz grün im Gesicht!
Massierst du mich?
J... Ja, klar.
Wo in etwa?
Ugh.
L...

Leisten-
gegend.
Okay…
Leisten-
gegend
Äh…
Schnell
…
Dpp
Hn!

Hah!
...
BADOMM
BADOMM
Gh
Gh
BADOMM
GRPP
Ahn!
Fhhhn!
BADOMM
BADOMM
BADOMM
Hah!
FWUMM
がばっ
Tut mir leid!!!
(?)

…
BLINZEL
!
Warte doch!
だっ
SWUSCH
Was zum…
Bleib weg!

Es tut mir leid!
Ah!
Vor dir!
Hm?

パスッ
DZNG
Whoa, super!

SCHÄÄÄM

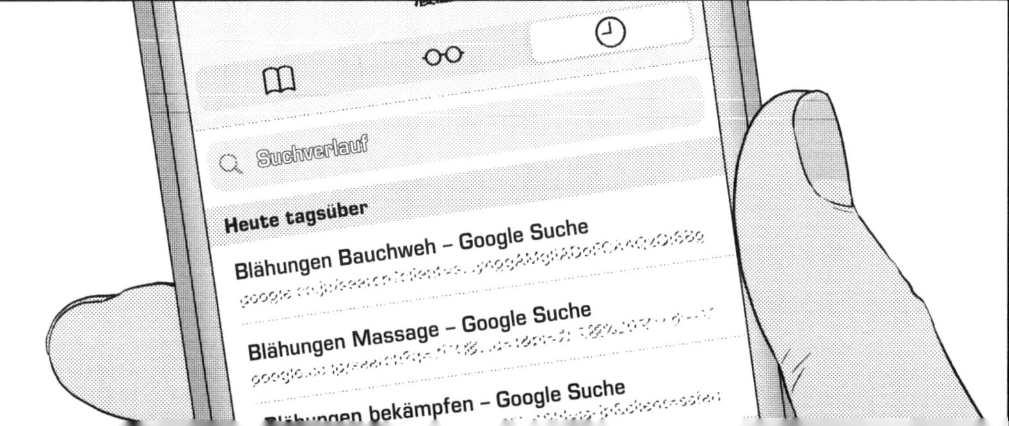
Suchverlauf
Heute tagsüber
Blähungen Bauchweh – Google Suche
Blähungen Massage – Google Suche
Blähungen bekämpfen – Google Suche

Das
st die
rzfrau
von
orhin!

Waaaaaahh!

...

VAMPEERZ

#19 49 Days

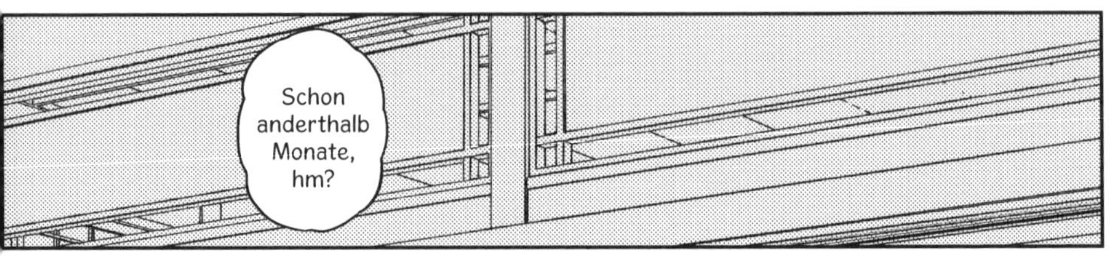
Schon anderthalb Monate, hm?

Waren die schnell rum.
Total.
Nicht rennen!
Okaaay!
TA TA TAPP

DPP DPP

Ich hab Essen dabei!

So ein billiger Trick, Aria!
Haha! Selbst schuld, wenn du nicht aufpasst!
Na warte!
Ich stell's euch hin.

ばさっ
FLAPP
Guten Tag!

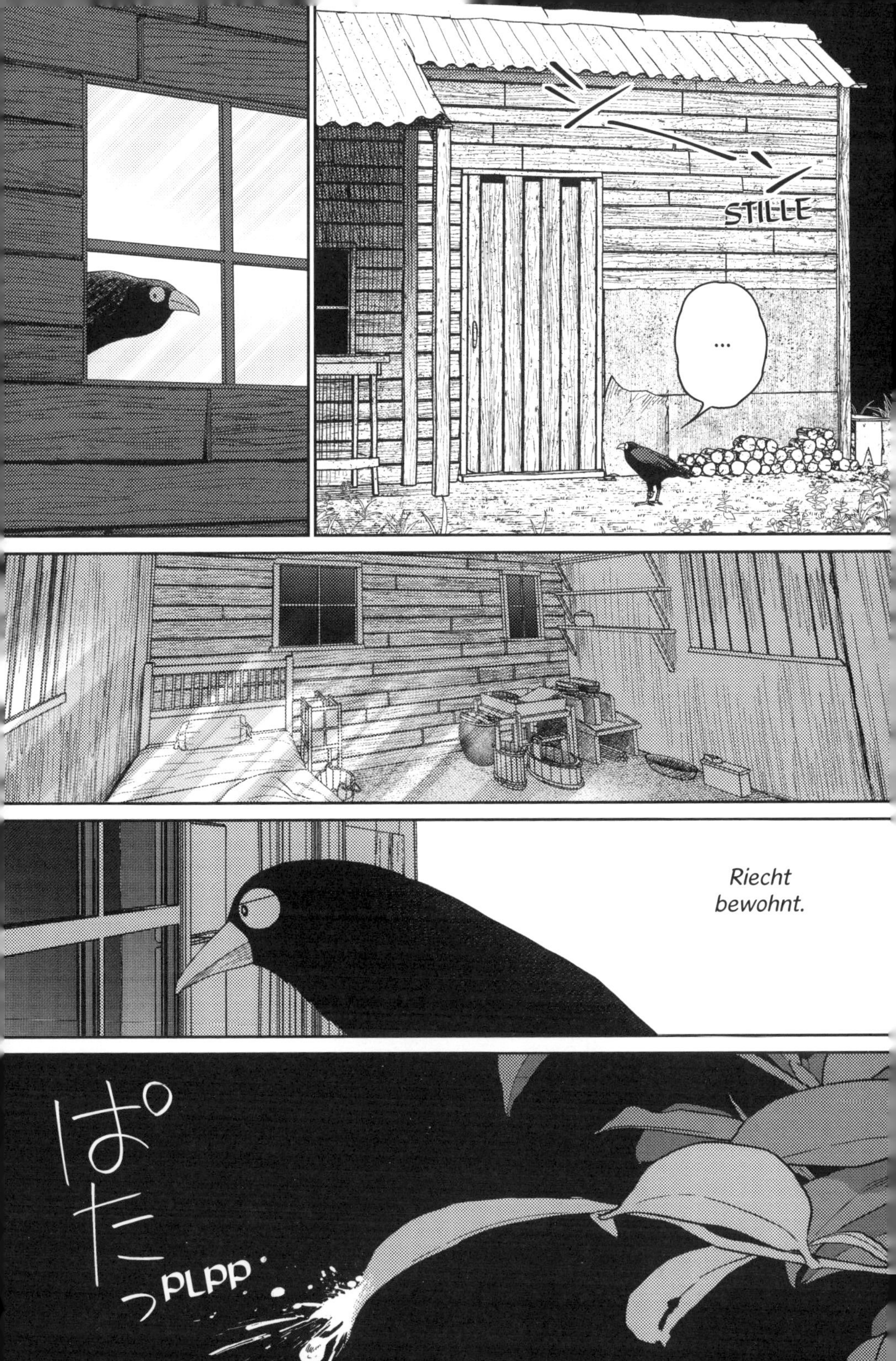
STILLE
...
Riecht bewohnt.
ぱたっ
PLPP

FSCHHHHH
Dann warte ich eben.
PTSCH
PTSCH
Ichika!

Wir spielen Verste-cken!
Au ja!
Machst du mit?
Ja, gerne!
10.
11.
12.
13.
Darf ich gucken?
Noch nicht!

Ich kom-me!
FWPP

Wargh!
Tsk!
Endlich hab ich dich!
Jetzt bist du dran, Aria!
Her mit deinem Gesicht!

Deswegen bin ich davongerannt.
Schock-schwerenot!
Du hast mich zu Tode erschreckt!
POCH
POCH
Ich will nichts ins Gesicht gemalt bekommen!
Aber Kara, ja?
Oh.
Was?
Ist Chiyo drauf?
Mal sehen.

Da.
…
?
STARR
Ich dachte, ihr hättet euch ähnlicher gesehen.
Das hast du bei unserem ersten Treffen gesagt.
Aber so ähnlich seh ich ihr gar nicht.

... so genau weiß ich das auch nicht mehr.

Egal. Schieß los!

Miss Aria?
Warten Sie hier.
RSH
RSH

Sie war im Wasser.
Warum in ihrer Uniform?
Weiß ich auch nicht.
Das klingt echt vage.
?
Und dann?
Tja, und was war dann?
Ich bin so neu-gierig!
BIBBER
BIBBER
TATATAPP
HASP
Mist! Verste-cken!
Wa-rum?
Mach einfach!
RATAMM
ガラッ

ギシ
KRTT
Ah.
HM...

Niemand da…
…
…
ドキ
BADOMM
ドキ
BADOMM
ドキ
BADOMM
ドキ
BADOMM
ドキ
BADOMM
ドキ
BADOMM

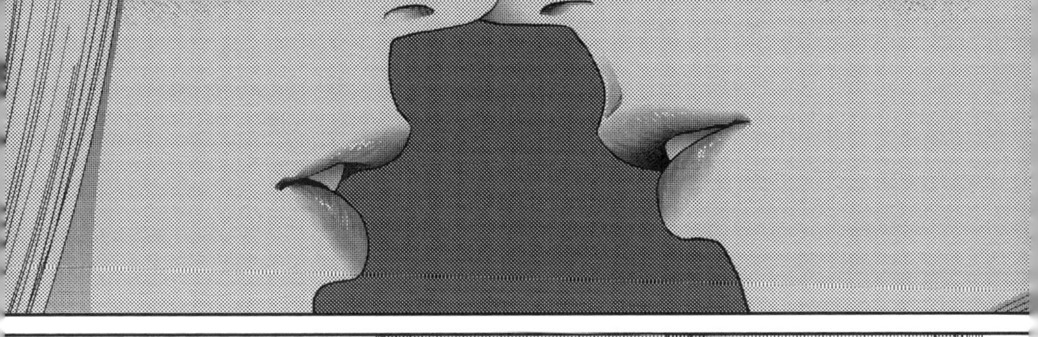

WOMPP
Hn.
SLPP
Hah!
SLPP

TSCH
Hn!
TSCH
Uh!
Hn!
TSCH
Hah!
HII!
Hah!
HII!
HII!
Hah!
Hah!
SCHLPP
FTSCH
Uh!
Hn!
SLPP
SLPP
Ah!
LPP
LPP
DPP
Hah!
Hah!
Aria.
Hah!

Ich bin so glücklich.
Haha!

Ja.

Hab dich!

?

D...

Hf!

Hf!

Das hast du, ja...

Warum bist du so außer Atem?

Hm?

Du hast es wirklich getan.
Jetzt bist du einer von uns.
Na schön.

ZUCK
Ghlp!

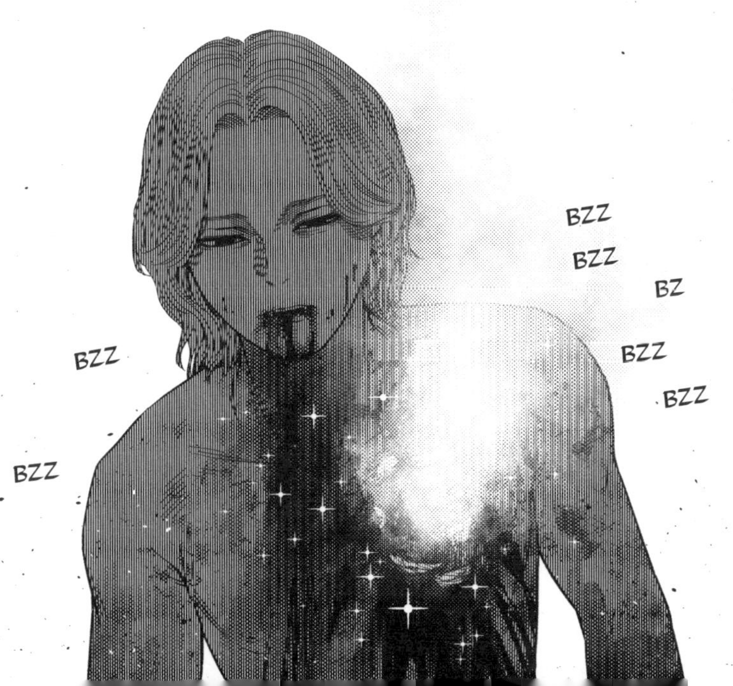
BZZ
BZZ
BZ
BZZ
BZZ
BZZ
BZZ

Du hängst sehr an dem Mädchen, oder?
!

Wenn alles glatt geht, können wir das Schwert weg-schaffen und die Barriere neu versiegeln.
Wenn sie dir was bedeutet, solltest du von hier verschwinden.

Wir haben sie da reingezogen, also beschützen wir sie auch.
Der Feind weiß bestimmt längst, dass in Ichika das Blut der Schwertträger fließt.
...

Du wirst doch nicht einfach abhauen?
Du bist doch in Ichika verli...
Gh!
Psst! Reg sie nicht unnötig auf!
Sie denkt, wir hätten es noch nicht bemerkt!
Je vernarrter sie in sie ist, desto weniger denkt sie an Selbstmord!
...
...
Ist mir gleich, welchen Weg du wählst.
Was hast du jetzt vor?